Vom Wert und Sinn floraler Trauerkultur

Klaus Wagener, Floristmeister und kreativer Kopf von BLOOM's VIEW.

Ein Mensch ist gestorben, wir kannten ihn. Kurz halten wir inne, dann sind das Jetzt und Gleich wieder wichtiger. Das „Weiter-im-Takt" nimmt erneut Oberhand, Tod und Trauer werden in unserer fortschrittsorientierten Welt schnellstens verdrängt.

Was bleibt dabei auf der Strecke? Wir alle wissen: es sind Menschlichkeit, Wärme und das Miteinander! Deshalb braucht es Zeit, um zu fragen, was uns dieser Mitmensch bedeutet hat, was er oder sie uns zu sagen hatte? Es braucht Zeit, die Hinterbliebenen zu trösten und die eigene Trauer zu verarbeiten. Darin liegt das Wesen der Trauerkultur. Dabei sind Blumen und die daraus gestalteten floristischen Werkstücke die passenden Ausdrucksmittel. Mit Liebe und Sorgfalt gestaltet, drücken sie Mitgefühl, Dankbarkeit und Wertschätzung unmittelbar und individuell aus. Sie sind Teil des Innehaltens und der Besinnung auf das Wesentliche in einem existenziell wichtigen Moment. Was oder wie wäre Trauerbewältigung ohne Blumen?

In diesem Sinne stellen wir in dieser Ausgabe Trauerfloristik vor, die dem Anspruch einfühlsam gestalteten Erinnerns und Gedenkens gerecht werden soll. Wir hoffen, dass Ihnen diese Kreationen helfen, Ihren Kunden den Wert und Sinn individueller Trauerfloristik und gelebter Trauerkultur zu vermitteln.

Herzlichst Ihr
Klaus Wagener

und das gesamte BLOOM's-Team

VIEW TRAUERFLORISTIK

www.blooms.de/view

g&v
GESTALTEN UND VERKAUFEN
SIE IST SCHON FAN!
• GRÜNE EVENTS
• GEWINNSPIELE
• VERKAUFSTIPPS
• PFLANZENTRENDS
• LESESTOFF
• HINTER GRÜNEN KULISSEN
• HOW TO
UND VIELES MEHR!

Cymbidium Cultivar, Hedera helix, Moos, bemooste Holunderäste, Strohrömer, Wasserröhrchen, Stecknadeln, Steckdraht (Buco), Schrauben, Floralkleber (Oasis)

Blätterkränze

mit Akzenten

Kranzkörper, die mit ausgesuchtem Blattwerk in sorgfältiger handwerklicher Verarbeitung gestaltet sind, wirken edel und hochwertig. Ungewöhnliche Verarbeitungsweisen mit sichtbaren Stielen, in dichten Schichtungen oder gerollter Form tun ein Übriges, so dass Blüten, Zweige und Ranken schließlich nur noch als betonende Akzente ergänzt werden.

Efeublätter, bemooste Äste und Cymbidienblüten

Linke Seite: *Phalaenopsis Cultivar, Prunus laurocerasus*, geweißte Waldrebenranken, Moos, Strohrömer, Stecknadeln, Haften (Buco), Floralkleber (Oasis)

Rechte Seite: *Echeveria elegans, Galax urceolata*, trockene Ranken, Strohrömer, Stecknadeln, Steckdraht (Buco)

Galaxblätter, Trockenranken
und Echeverienrosetten

Rhododendronblätter, verschiedene Ranken und Anthurienblüten

Linke Seite: *Anthurium andraeanum, Rhododendron Cultivar,* verschiedene Ranken, Kordel, Wachs, Strohrömer, Stecknadeln

Rechte Seite: *Allium aflatunense, Viburnum rhytidophyllum,* Zweige, Flechten, Strohrömer, Haften (Buco), Myrtendraht und Stützdraht (Buco)

Schneeballblätter, Flechten, Zweige und Zierlauchblüten

Aukubenblätter, Grünranken und Kallablüten

Aucuba japonica, Zantedeschia Cultivar, Ranken, Wachs, Strohrömer, Haften und Myrtendraht (Buco)

FLORALE KREUZE

Die christliche Kreuzform ist im Trauerfall ein besonders ausdrucksvolles Glaubenszeichen. Werden Kreuzformen mit herbstlichem Blütenflor sowie der Vielfalt an Früchten und Blättern dieser Jahreszeit gestaltet, entstehen farbenprächtige Trauerwerkstücke mit hohem Symbolgehalt.

Linke Seite: Dahlien, Früchte, Zweige, Ranken, Kordel, Frischblumensteckschaum-Basis mit Hartschaumunterlage (Oasis)

Rechte Seite: Dahlien, Hagebutten, Ranken, Weidenzweige, Wickeldraht (Buco), Frischblumensteckschaum-Kranz mit Holzunterlage (Oasis)

Während im linken Bild Zweige die Kreuzform bilden und Blütenreihen als Schmuck eingearbeitet sind, vereint die auf dieser Seite gezeigte Gestaltung gleich zwei typische Trauerfloristikformen. Kreuz und Kranz symbolisieren dabei gleichermaßen den Glauben an eine Fortführung des Lebens im Jenseits.

Linke Seite: Dahlien, Früchte, Steckdraht (Buco), Frischblumensteckschaum-Platte mit Hartschaumunterlage (Oasis)

Rechte Seite: herbstliche Floralien, Rindenstücke, Holzlatten, Maschendraht (Buco), Heißkleber und Frischblumensteckschaum-Ziegel (Oasis)

Umrandungen sowie die Wiederholung des Kreuzes durch Blütenreihen bzw. -flächen innerhalb der kreuzförmigen Werkstücke verstärken die optische Ausstrahlung und damit die Symbolaussage.

Das ganz aus Blüten in strahlenden Farben gefertigte, auf dieser Seite zu sehende Kreuz strahlt Trost, Hoffnung und Zuversicht aus. In der Symbolaussage des Kreuzes auf der Folgeseite wird dagegen durch den Rand aus trockenen Blättern die Vergänglichkeit stärker in den Blick gerückt und der Traueraspekt betont.

Linke Seite: Chrysanthemen, Dahlien, Früchte, Frischblumensteckschaum-Kreuz mit Recyclingkartonunterlage (Oasis)

Rechte Seite: herbstliche Blüten und Früchte, Ranken, trockene Ahornblätter, Bucheckern, Haften (Buco), Floralkleber und Frischblumensteck-

schaum-Kreuz mit Recyclingkartonunterlage (Oasis)

Urnenschmuck

mit grasartigen Werkstoffen

Gras, im Herbst vertrocknend und im Frühjahr in frischem Grün austreibend, kann symbolisch sowohl für die Vergänglichkeit als auch für die Hoffnung auf Neubeginn verstanden werden. Grasartige Werkstoffe sind daher prädestiniert für die Trauerfloristik und eignen sich in ihrer linear-filigranen Zartheit besonders gut zum Schmücken von Beisetzungsurnen.

verschiedene Blüten und Früchte, Gräser und grasartige Werkstoffe, Moos, Schale (D&M Depot), Frischblumensteckschaum-Ziegel (Oasis), weitere im Bild erkennbare Produkte: Gläser (Dutz)

Das abgeknickte Gras in diesem kranzförmig die Urne umschließenden Schmuck steht unmissverständlich für das Lebensende und den Trauerschmerz.

Linke Seite: verschiedene Blüten, Chinaschilf, Bambusrohrabschnitte, Metallwanne (House Doctor), Urnensockel (Gasper), Kies, Frischblumensteckschaum-Ziegel (Oasis), weitere im Bild erkennbare Produkte: Windlicht (Schlittler)
Rechte Seite: verschiedene Blüten und Früchte, Gräser, Teller (Serax),

Gräser, Schilf und Blütenstiele umgeben schützend die Urnen und weisen in ihrer aufstrebenden Anordnung weit über diese hinausragend himmelwärts.

Keramikschale, Granulat, Rebenbindedraht (Buco), Frischblumensteckschaum-Ziegel (Oasis)

Bandförmige Chinaschilf- und Grannenlilienblätter eignen sich für eine gerollte, spiralige Verarbeitung, links in einem die Urnen begleitenden Raumschmuck, rechts als Schmuck für den Urnendeckel.

Linke Seite: Grannenlilienblätter, Anthurien, Fuchsschwanz, Zierspargel, trockener Zweig, Metallstange mit Betonfuß (Freese), Reagenzgläser, Band, Steckdraht (Buco), Ziernadeln und Frischblumensteckschaum-Zylinderstange (Oasis), weitere im Bild erkennbare Produkte: Urnensockel (Gasper)

Rechte Seite: Chinaschilf, Milchsternblüten, Ranken, Stecknadeln, Floralkleber (Oasis)

Linke Seite: grasartige Werkstoffe, *Kalanchoe*-Blüten, Ranken, Zierdraht (Buco), Floralkleber (Oasis)

Rechte Seite: verschiedene Blüten und Früchte, grasartige Werkstoffe, Moos, Schale (D&M Design), Band, Flechtscheibe aus schwarzen Stäben,

Miteinander verflochtene und verwobene lange, grasartige Blätter umgeben diese Beisetzungsurnen. Aufgereihte Blüten von *Kalanchoe* bzw. Anthurien, Band und *Amaranthus* setzen lediglich Akzente.

Steckdraht (Buco), Frischblumensteckschaum-Ziegel (Oasis), weitere im Bild erkennbare Produkte: Urnensockel (Gasper)

Linke Seite: Orchideenblüte, Bärengras, Ranken, Band, Spanndraht, Floraltape und Floralkleber (Oasis)

Rechte Seite: verschiedene Blüten und Blätter, verschiedene Gräser, Floralklebe (Oasis), Maschendraht (Buco), weitere im Bild erkennbare

Links schmückt ein mit grasigen Floralien umwickelter Reifen die Urne. Rechts bilden Knoten aus gebündeltem Gras die Basis des girlandenartigen Urnenschmucks, der bis hinunter vor den Sockel reicht. Beide Gestaltungen können nach der Beisetzung das Urnengrab schmücken.

Produkte: Urnensockel (Gasper), Glas (Fink)

Vielfache Überschneidungen der Gräser, Grannenlilienblätter und Blütenstiele sind wesentliches Gestaltungselement des floralen Schmucks für die asymmetrisch auf einer länglichen Schale positionierte Urne.

verschiedene Blüten und Früchte, verschiedene Gräser und grasartige Werkstoffe, Schale (Bell'Arte), Riedstäbe, Granulat, Frischblumensteckschaum-Ziegel (Oasis), weitere im Bild erkennbare Produkte: Kerzen (Wenzel)

SYMBOLSTARKE CHRYSANTHEMEN

Zwar ist die Chrysantheme, besonders alle weißblühenden Sorten, im europäischen Raum als Trauerblume bekannt. Nimmt man jedoch den aus dem Griechischen stammenden Namen „Chrysantheme" wörtlich, bedeutet er Goldblüte. Dem entsprechend wird sie unter anderem als Zeichen für Sonne und Licht sowie deren Unvergänglichkeit verstanden. In der Trauerfloristik ist sie also, ebenso wie der Kranz an sich, ein Sinnbild für die Unsterblichkeit. Auf Basis von Frischblumensteckschaum-Kränzen zeigen wir entsprechend symbolstarke Gestaltungen mit dieser in vielfältigen Sorten erhältlichen Blume.

Chrysanthemum 'Anastasia Dark Green', 'Zembla Lime', 'Zembla', 'Vivo' und *'Celtic'* (alle Deliflor), trockenes Herbstlaub, Myrtendraht (Buco), Efeunadeln (Buco), Frischblumensteckschaum-Kranz mit Hartschaumunterlage (Oasis)

Streifen von trockenem Herbstlaub bilden einen dunklen Kontrast zu den weißen und grünen Chrysanthemenblüten und unterstützen so deren Leuchtkraft und Symbolwirkung.

KONTRASTIERUNG

Chrysanthemum 'Alamos' (Deliflor), *Eryngium Cultivar*, *Rhipsalis pilocarpa*, Patenthaften (Buco), Flechtband (Hess), Frischblumensteckschaum-Kranz mit Hartschaumunterlage (Oasis)

AKZENTUIERUNG

Disteln als Symbole des Verlustschmerzes setzen Akzente zwischen den Chrysanthemen in dem zur Hälfte von Kakteenranken überzogenen Kranz.

Chrysanthemum 'Pimento', 'Rossano Orange', 'Roma Festa', 'Baltica Cream', 'Limoncello', 'Zembla Yellow' und *'Varese'* (alle Deliflor), *Skimmia japonica*, trockenes Gras, Patenthaften (Buco), Frischblumensteckschaum-Kranz mit Hartschaumunterlage (Oasis)

Gruppen von Chrysanthemenblüten, durchsetzt mit Skimmienknospen, bilden in harmonischer Farbgestaltung das Kranzrund. Sie versinnbildlichen die Vielfalt des Lebenslaufs, während das trockene Gras die Vergänglichkeit darstellt.

GRUPPIERUNG

UNTERBRECHUNG

Ein Segment aus Herbstlaub und Lotoskolben in dunklem Braun unterbricht das Blütenrund der Chrysanthemen und symbolisiert den Bruch zwischen irdischem und jenseitigem Leben.

Chrysanthemum 'Rossano Charlotte', 'PIP', 'Stresa' und *'Lorain'* (alle Deliflor), Lotoskolben, trockenes Eichenlaub, Efeunadeln (Buco), Frischblumensteckschaum-Kranz mit Hartschaumunterlage (Oasis)

UNTERSTÜTZUNG

Weiße Blüten symbolisieren hier eine himmlische Reinheit, in die der verstorbene Mensch eingeht. Die graubraunen, tragenden Birkenrindenplatten versinnbildlichen die Schwere des irdischen Lebens und unterstützen durch ihre Gegensätzlichkeit die Symbolik der Blüten.

Chrysanthemum 'Anastasia', 'Baltica', 'Vivo', 'Zembla Lime', 'Sheik' und *'Celtic'* (alle Deliflor), Ranken, trockenes Gras, Birkenrinde (Freese), Efeunadeln (Buco), Frischblumensteckschaum-Kranz mit Hartschaumunterlage (Oasis)

Trauergaben
MIT DRAHTFORMEN

Das technische Hilfsmittel Draht ist mehr und mehr auch zum gestalterischen Material geworden. So lassen sich aus Steck- und Wickeldraht ohne großen Aufwand Formen erstellen, die floristisch weiterverarbeitet und ausgestaltet werden können. Wir zeigen kleine Trauergaben auf dieser Basis.

DRAHTHERZ

Linke Seite: verschiedene herbstliche Blüten und Früchte, Kiefernnadeln, Herbstlaub, bemooste Zweige, Kordel, Wasserröhrchen, Wickeldraht und Steckdraht (Buco)

Rechte Seite oben: Nelken, Waldrebenfrüchte, Esskastanien, Herbstlaub,

DRAHTKRONE

DRAHTSCHALE

bemooster Zweig, Kordel, Steinplatte, Wickeldraht, (Buco), Heißkleber (Oasis)
Rechte Seite unten: Chrysanthemen, Palmenfrucht, Bucheckern, Herbstlaub, bemooster Zweig, Wickeldraht (Buco), Heißkleber und Trockenblumensteckschaum-Kugel (Oasis)

DRAHTKUGELN

DRAHTKRANZ

Linke Seite oben: verschiedene herbstliche Blüten und Früchte, Kiefernnadeln, Herbstlaub, Ranken, Wasserröhrchen, Wickeldraht und Myrtendraht (Buco), Steinplatte
Linke Seite unten: verschiedene herbstliche Blüten und Früchte,

Herbstlaub, Haselzweige, bemooste Zweige, Tablett, Wickeldraht und Eisenring (Buco)

Rechte Seite: Trommelschlägel, Hagebutten, bemooster Zweig, Wickeldraht und Steckdraht (Buco)

Herbstliche *Trauergestecke*

Eine harmonische Farbwahl mit abgestuften Farbnuancen von Magentarot, rotbraunes Laub sowie weitgehend blattlose Zweige und Ranken charakterisieren diese Trauergestecke für Beerdigungen in den Herbstwochen.

Linke Seite: verschiedene herbstliche Werkstoffe, gefärbtes Sumpfeichenlaub, Schale (Delta), Pinholder und Knetkleber (Oasis), Frischblumensteckschaum-Ziegel (Oasis)

Rechte Seite: verschiedene herbstliche Werkstoffe, gefärbtes Sumpfeichenlaub, Schale (Delta), Stecknadeln, Frischblumensteckschaum-Platte (Oasis)

Dichte Kuppeln aus Blüten, Beeren und Blättern ruhen auf Laubschichten in flachen Schalen. Aufgelegte Ranken lockern die kompakte Form auf.

Parallel aufstrebend eingesteckte Blütenstiele und Zweige gewähren Einblicke in die Struktur des Gestecks. Drumherum geschlungene Kordeln und Ranken lassen dennoch den Eindruck eines festen Bündels entstehen.

Linke Seite: verschiedene herbstliche Werkstoffe, trockene Zweige, Schale (Delta), Wollkordel (Lehner), Sand, Pinholder und Knetkleber (Oasis), Frischblumensteckschaum-Ziegel (Oasis)
Rechte Seite: verschiedene herbstliche Werkstoffe, Schale (Delta), Frisch-

Glänzende Beeren in Schwarz setzen zwischen den Blüten trauersymbolische Akzente. Die florale Kuppel komplettiert die Schale zur vollständigen Kugel.

Sargschmuck

MIT FRISCH-TROCKEN-KONTRAST

Im Herbst die frischen Blüten eines Sargschmucks mit Trockenem zu kombinieren, ist sowohl in der symbolischen Bedeutung als auch gestalterisch konsequent. Denn trockenes Gras, trockene Blätter und Zweige versinnbildlichen die Vergänglichkeit alles Irdischen, während die Frischblumen Trost und Hoffnung ausdrücken. Zugleich schaffen sie mit ihrer Farbe und Textur eine gestalterische Verbindung zum Holz des Sargs.

verschiedene herbstliche Werkstoffe, Eukalyptusrinde, trockenes Chinaschilf, Steckdraht und Efeunadeln (Buco), doppelseitiges Transparentklebeband und Sargschmuck-Steckbasis mit Kunststoffunterlage (Oasis)

Trockene Chinaschilfblätter durchziehen das Blütenband auf dem Sargdeckel und schmiegen sich in sanftem Schwung seinen Schmalseiten an.

Zwei schützend anmutende florale Bögen überwölben den Sarg. Die Blüten darin werden von bandähnlichen Auffädelungen gefalteter Silberpappelblätter durchzogen, die fast bis zur Unterkante des Sargs reichen.

verschiedene herbstliche Werkstoffe, Silberpappelblätter, trockenes Chinaschilf, Wolle (Lehner), Wickeldraht und Steckdraht (Buco), doppelseitiges Transparentklebeband und Frischblumensteckschaum-Platte mit Holzunterlage (Oasis)

verschiedene herbstliche Werkstoffe, trockene Hopfenranken, Rebenbindedraht und Steckdraht (Buco), doppelseitiges Transparentklebeband und Sargschmuck-Steckbasis mit Kunststoffunterlage (Oasis)

Rosen dominieren als Zeichen fortdauernder Liebe den dekorativen Sargschmuck, der von entlaubten Hopfenranken durchzogen wird, die den Sarg allseitig locker umspielen.

Wie ein gefällter Baum, der noch Blüten trägt, erscheint dieser Sargschmuck und symbolisiert so die Tragik des Todes und den Schmerz des Verlusts. Die trockenen Ranken unterstützen die optische Verbindung zum Sarg.

verschiedene herbstliche Werkstoffe, Waldrebenranken, Baumrindenstücke, Wickeldraht (Buco), Knetkleber und Frischblumensteckschaum-Ziegel (Oasis)

Sommerliche Kränze

klein und leicht zu tragen

Die Vielfalt kleiner und mittelgroßer Blüten des Sommerflors ermöglicht Trauerkränze, die noch gut in der Hand gehalten und vom Trauernden persönlich zum Grab getragen werden können. Technische Voraussetzung dafür sind Frischblumensteckschaum-Kränze auf Hartschaum-, Recyclingkarton- oder Holzbasis mit entsprechend kleinem Durchmesser.

Das kontrastierende Gelb der Sommerblüten verstärkt in diesem Trauerkranz die symbolische Wirkung der Disteln als Sinnbild für die Trauer.

verschiedene sommerliche Werkstoffe, Frischblumensteckschaum-Kranz auf Hartschaumbasis (Oasis)

verschiedene sommerliche Werkstoffe, Sisalkordel, Kordel, Strohrömer, Patenthaften (Buco), Frischblumensteckschaum-Kranz auf Recyclingkartonbasis (Oasis)

Ein mit Maisblättern behafteter Strohrömer trägt den Frischblumensteckschaum-Kranz, der mit vielfarbigen Sommerblüten besteckt ist. Die bunte Mischung bewirkt den tröstlichen Anblick dieser Trauergabe.

verschiedene sommerliche Werkstoffe, Maisblätter, Patenthaften (Buco), Frischblumensteckschaum-Kranz mit Hartschaumbasis (Oasis)

Vielfach miteinander verwobene und verschlungene rankende Werkstoffe charakterisieren diesen sommerlichen Kranz in Rosé- und Fliedertönen. Ein Segment ist darin frei von Blüten und bildet eine dezente Akzentuierung.

Dahlien, Hortensien, Tüllband, Steckdraht (Buco), Frischblumensteckschaum-Kranz mit Hartschaumbasis (Oasis)

Schwarzes Tüllband, fächerförmig gefasst und angedrahtet, bildet einen Segmentschmuck im Dahlienkranz. Zugleich besteht ein Bunt-Unbunt-Kontrast, der die symbolische Bedeutung der Trauerfarbe Schwarz zusätzlich hervorhebt.

Obwohl lediglich Blüten aus den Farbbereichen von Magentarot und Blauviolett diesen Kranz bilden, wirkt er sommerlich farbenfroh. Dazu trägt nicht zuletzt die ausgewogene Verteilung der Blüten in annähernd gleichmäßiger Streuung bei.

Weitere kleine, gut tragbare Trauerkränze sehen Sie unter folgendem Link: www.**blooms.de/view/handkränze**

verschiedene sommerliche Werkstoffe, Frischblumensteckschaum-Kranz mit Hartschaumbasis (Oasis)

Kondolenzsträuße MIT TRAUERBAND

Ein Kondolenzstrauß wird zumeist in reduzierter Farbwahl ganz aus weißen und grünen Floralien gestaltet. Band in Schwarz, Grau und Weiß macht die Bedeutung als blumiger Ausdruck des Mitgefühls zusätzlich deutlich.

Linke Seite: verschiedene Blüten- und Grünwerkstoffe, Band (Goldina), Zierbrosche, Stützdraht (Buco), Floraltape und Heißkleber (Oasis)

Rechte Seite: Chrysanthemen, Strandflieder, Olivenzweige, Band (Goldina), Papier, Nietöse, Silberkreuz, Wellendrahtring und Stützdraht (Buco)

Bandmanschetten

Die Bandmanschette des auf der vorhergehenden Seite gezeigten Straußes ist aus einer ausreichenden Anzahl angedrahteter und eingebundener Bandtuffs gefertigt. Im Strauß auf dieser Seite dient ein angedrahteter Wellendrahtring, an dem Bandschlaufen von geringfügig unterschiedlicher Größe fixiert sind, als technische Basis für die Manschette.

Linke Seite: verschiedene Blütenwerkstoffe, Chinaschilf, Olivenzweige, Band (Goldina), Wolle (Lehner), Stützdraht und Myrtendraht (Buco), Wellendrahtringe (Buco), Floraltape und Floralkleber (Oasis), weitere im Bild erkennbare Produkte: Kerzen (Wenzel)

Bandakzente

Der aufstrebende Strauß, der auf der gegenüberliegenden Seite zu sehen ist, wird im Bereich der Bindestelle von kranzartig verarbeiteten Floralien umschlossen. Zusätzlich sind kreisförmige Elemente aus Band und Kordel auf der Basis von Wellendrahtringen integriert. Auf dieser Seite weisen die Sträuße fließende Bandakzente auf. Der untere Strauß beruht zusätzlich auf einer Drahtgestellbasis mit Wollsträngen.

Rechte Seite oben: verschiedene Blüten- und Grünwerkstoffe, Band (Goldina)
Rechte Seite unten: verschiedene Blüten- und Grünwerkstoffe, Band (Goldina), Wolle (Lehner), Brosche, Zierdraht und Stützdraht (Buco), Floraltape (Oasis)

Linke Seite links: Nelken, Hortensien, *Ginkgo*-Blätter, Chinaschilf, Band (Goldina), Schlagmetall, Wellendrahtringe und Stützdraht (Buco), Floralkleber und Sprühkleber (Oasis), Floraltape (Oasis)
Linke Seite rechts: *Ornithogalum saundersiae,* Knorpelmöhre, Gräser, Band

Bandumschlingungen

Die Straußumhüllungen auf der vorhergehenden Seite beruhen auf mit Gräsern umflochtenen Gerüsten aus Wellendrahtringen und Stützdraht. Beim Strauß auf dieser Seite sind die Knöterichröhren mittig durchbohrt und auf Wellendraht gezogen. Bandumschlingungen betonen all diese zylindrischen, floralen Straußumhüllungen.

(Goldina), Stützdraht und Myrtendraht (Buco), Wellendrahtringe (Buco), Floraltape (Oasis)

Rechte Seite: verschiedene Frischwerkstoffe, Band (Goldina), Brosche, Wellendrahtring und Stützdraht (Buco), Floraltape und Heißkleber (Oasis)

ROSEN

Symbole fortwährender Liebe

Rosen sind als florales Sinnbild für Liebe und Zuneigung in Trauergestecken den nächsten Angehörigen vorbehalten. In diesen Werkstücken, die auch als gedenkfloristischer Grabschmuck für den jährlichen Todestag oder Geburtstag des Verstorbenen geeignet sind, versinnbildlichen sie das Fortbestehen dieser Gefühle über den Tod aus.

Rosenblüten-Fries auf Knöterichhalmen

Großes Bild: Rosen, Schneeball, Frauenmantel, Knöterichhalme, Steckdraht und Drilldraht (Buco), Frischblumensteckschaum-Ziegel im Kunststoffgitter mit -unterlage (Oasis)
Kleines Bild: Rosen, Brombeerranken, Kräuter, Drilldraht (Buco), Recycling-

Rosenblüten-Kuppel

mit Dornenrankenrand

Rosenblüten-Ellipse
mit Kräuterrand

Großes Bild: Rosen, verschiedene Kräuter, Frischblumensteckschaum-Ziegel im Kunststoffgitter mit -unterlage (Oasis)

Kleines Bild: Rosen, Prachtspiere, Schneebeere, Wiesengräser, Bänder (Goldina), Haften (Buco), Frischblumensteckschaum-Kissen mit Hartschaum-

Rosenblüten-Quadrat mit Gräserrand

unterlage (Oasis)

Grabsträuße im Frühling

Ein erster Grabschmuck nach der kalten Winterzeit, wenn sich eine Bepflanzung wegen der Witterung noch nicht lohnt, besteht häufig aus einem niedergelegten Grabstrauß. Auch mit Steinplatten geschlossene Gräber lassen sich mit solch einem Blütengruß an den Verstorbenen einfühlsam schmücken.

Ein Gerüst aus gewellten Streifen von Holzfurnier umschließt schützend die Blüten von Tulpen und Schneeball im Liegestrauß für das Grab im Frühling. Diese Gerüstform wird zunächst mittels Heißkleber gestaltet. Die Blütenstiele sind so eingefügt, dass sie das Gerüst halten, wenn sie zum Strauß gefasst werden. Trauerband akzentuiert die Bindestelle.

Linke Seite: verschiedene Frühlingswerkstoffe, Zweige, Band (Goldina), Holzfurnierstreifen, Heißkleber (Oasis)

Rechte Seite oben: Nelken, Ranunkeln, trockene Gräser und Zweige, Band (Goldina)

Aus trockenen Euphorbientrieben, gemischt mit trockenen Gräsern, ist die lockere Manschette dieses Grabstraußes geformt. Darin wurden die Blüten mit Trauerband gebunden. Wird der Strauß auf dem Grab hingelegt, schützt die Manschette die Blüten.

Zarte, weißgelbe Narzissenblüten setzen einen hellen, trostvoll wirkenden Akzent vor dem dunklen Stein des Grabzeichens. Ein von trockenen Gräsern durchzogenes, fein verschlungenes Gerüst aus Wickeldraht gibt ihnen Halt.

Linke Seite: Narzissen, Bartnelken, Zweige, trockene Gräser, Band (Goldina), Wickeldraht (Buco)

Rechte Seite: verschiedene Frühlingswerkstoffe, frische und trockene, gefärbte *Phormium*-Blätter, Band (Goldina), Floralkleber (Oasis)

Frische *Phormium*-Blätter sind locker ineinander verwoben und mit Draht und Floralkleber fixiert. In diese Grundform wird der Liegestrauß fürs Grab aus Frühlingsblumen und getrockneten, schwarzgefärbten *Phormium*-Blättern gebunden.

GRABSCHALEN IM FRÜHJAHR

Bald ist die kalte, graue Winterzeit vorbei und die Gräber der Lieben sollen endlich wieder einen tröstlichen Anblick erhalten. Als erster Schmuck bieten sich bepflanzte Schalen mit Frühlingsblühern an, deren Blüten vor den steinernen Grabzeichen und der grünen Grundbepflanzung farbstark leuchten.

verschiedene Frühlingsblüher, trockenes Laub, Metallschale, Sprühfarbe (Oasis), Pflanzerde

Ein Rand aus winterlichem Laub, teils schwarz gefärbt, umrahmt die frischen Frühlingsblüten in dieser Grabschale und betont die strahlende Leuchtkraft ihrer Farben.

Kordeln und Bänder durchziehen diese Pflanzschalen für das Frühlingsgrab. Hier und da mit schwarzem Zierdraht umwickelt, setzen sie trauersymbolische Akzente.

Linke Seite: verschiedene Frühlingsblüher, Zierdraht (Buco), Kordel, Schale, Pflanzerde

Rechte Seite: verschiedene Frühlingsblüher, Efeu, gefärbte Rinde, Zierdraht, Band (Goldina), Schale, Pflanzerde

Wie der Frühling in der Natur allmählich die Oberhand gewinnt, so drängen die Blüten in dieser Grabschale durch die trockenen, vom Winter zurückgelassenen Zweige.

verschiedene Frühlingsblüher, Spindelstrauch, Moos, trockene, belaubte Zweige, Schale, Pflanzerde

BARENDSEN
FLOWERS · AALSMEER
www.barendsen.nl

GLASS HOUSE TALK

Jan de Boer, Leiter des Blumenimport- und Exportunternehmens Barendsen B.V., Aalsmeer, NL, engagiert sich für den Berufsstand und kämpft leidenschaftlich für den Erhalt und die Vermarktung gärtnerischer Spezialprodukte. Hier stellt er *Allium* als Blume für die Trauerfloristik vor:

„In der Trauerfloristik werden oft Blüten wie z. B. Chrysanthemen, Kallas, Rosen oder Lilien verwendet. Ein neuer Trend hat sich jedoch entwickelt, hin zu individuellen Arrangements mit Blüten einer bestimmten Farbe oder Lieblingsblumen, die eine besondere Bedeutung für den Verstorbenen hatten.

Allium, deren Arten und Sorten vorrangig in Nuancen von Violett blühen, sind hier besonders geeignet. Diese Farbe hat zudem eine symbolische Bedeutung als Trauerfarbe, weil sie mystisch und himmlisch wirkt.

Der zuweilen als unangenehm empfundene Geruch von *Allium* wurde durch Züchtung inzwischen deutlich minimiert, so dass die Schönheit der kugeligen Blütenstände heute im Vordergrund steht. Wir haben einen Züchter gefunden, der über 500 verschiedene Sorten von *Allium* entwickelt hat, von klein bis riesig und in verschiedenen Schattierungen von Lila, Rosa und Weiß. *Allium* hat normalerweise einen kahlen, geraden Spross. Floristen lieben jedoch Sorten mit dem bezaubernden Schwung krummer Stiele, die charaktervoll-individuell wirken und die Kreativität herausfordern!

Allium ist von Anfang März bis Ende September verfügbar. Es sind bis zu 80 verschiedene Sorten regelmäßig erhältlich."

Trauergaben MIT EFEU

Efeu ist winterhart, treibt immer wieder aus, rankt an Mauern und Baumstämmen hinauf. Dies alles bedingt seine Interpretation als Symbol für Lebenskraft, Hoffnung und in christlichem Sinne für die Auferstehung und ein Leben nach dem Tode. Wir zeigen symbolstarke Trauerfloristik mit Efeu.

Linke Seite: *Hedera helix 'Arborescens', Hedera hibernica, Hedera helix 'Shamrock', Hedera helix 'Arbori Compact'* (v. l. n. r.)

Rechte Seite oben: *Gerbera jamesonii, Hedera helix 'Arborescens', Hedera hibernica*, Ranken, Frischblumensteckschaum-Platte mit Hartschaum-

unterlage (Oasis)
Rechte Seite unten: *Gerbera jamesonii, Hedera helix 'Shamrock , Hedera helix 'Arbori compact'*, Borke, Frischblumensteckschaum-Ziegel (Oasis)

Linke Seite: *Chrysanthemum x grandiflorum, Hedera hibernica*, Zweigabschnitte als Standfüße, Patenthaften (Buco), Frischblumensteckschaum-Kugel (Oasis)

Rechte Seite: *Chrysanthemum x grandiflorum, Hedera helix 'Arbori compact', Hedera helix 'Shamrock', Skimmia japonica*, Zweigabschnitte als Standfüße,

Efeu-Kugeln

Linke Seite: *Chamelaucium uncinatum, Chrysanthemum x grandiflorum, Hedera helix 'Arbori compact', Hedera helix 'Shamrock'*, Frischblumensteckschaum-Kranz mit Hartschaumunterlage (Oasis)
Rechte Seite: *Astrantia major, Hedera helix 'Arbori compact', Hedera*

hibernica, *Rosa Cultivar*, *Skimmia japonica*, Patenthaften (Buco), Frischblumensteckschaum-Kranz mit Hartschaumunterlage (Oasis)

Florale Bündel

MIT WINTERLICHEN FLECHTENZWEIGEN

Trockene Zweige mit grauweißem Flechtenbewuchs wirken winterl ch. In einem gedenkfloristischen Werkstück stehen sie für die Trauer, während die hinzukombinierten fris-hen Früchte und Blüten das fortdauernd liebevolle Andenken symbolisieren.

Eine Dose ist mittels Gummiring, Wollkordel und Rebenbindedraht mit Flechtenzweigen bündelförmig umgeben. Darin versorgt Frischblumensteckschaum die eingearbeiteten Blüten mit Wasser.

Linke Seite: verschiedene Blüten-, Frucht- und Blattwerkstoffe, Flechtenzweige, Kiefernzapfen, Wollkordel (Lehner), Rebenbindedraht (Buco), Blechdose, Gummiring, Heißkleber und Frischblumensteckschaum-Ziegel (Oasis)

Drei Glaswasserröhrchen sind zusammen mit Flechtenzweigen mittels Gummiring gebündelt. Das Bündel wird mit einem passenden Gefäß als Formhilfsmittel mit Schnellbeton als Fuß versehen. Nach dem Aushärten werden Wasser und Blütenstiele in die Röhrchen gegeben und das Gummiband wird mit Band kaschiert.

Rechte Seite: verschiedene Blüten- und Blattwerkstoffe, Flechtenzweige, Kiefernzapfen, Kunststoffwasserröhrchen, Band (Goldina), Schnellbeton, Gummiring, Heißkleber (Oasis)

Während in der Bündelreihe auf der rechten Seite zur Herstellung des Betonfußes ein rechteckiges Gefäß mit Folie ausgelegt und später entfernt wurde, ist das formende Gefäß für die Bündelgruppe auf dieser Seite ein bleibender Teil der Gestaltung.

Linke Seite: verschiedene Blüten- und Blattwerkstoffe, Hartriegelzweige, Flechtenzweige, gewachste Hagebutten, Band (Goldina), Schnellbeton, Kunststoffschale, Kunststoffwasserröhrchen, Gummiringe

Rechte Seite: verschiedene Blüten-, Frucht- und Blattwerkstoffe,

Auch bei den als Dreierreihe arrangierten floralen Bündeln auf dieser Doppelseite sind Flechtenzweige und Wasserröhrchen mit einem Fuß in Betongusstechnik versehen. Neben ihrer gestalterischen Wirkung sichern sie den festen Stand dieser Trauergaben auf dem Grab.

Flechtenzweige, Kordel und Band (Goldina), Schnellbeton, Kunststoffwasserröhrchen, Gummiringe

Das aus Flechtenzweigen gefertigte, längliche Bündel besteht seinerseits aus kleineren Bündelungen, die in Trockenblumensteckschaum fixiert sind. Darauf ist eine Schale mit Frischblumensteckschaum angebracht, in den eine Fülle winterlicher Blüten und herbstlicher Früchte gesteckt ist.

Linke Seite: verschiedene Blüten- und Fruchtwerkstoffe, Flechtenzweige, verschiedene Zapfen, Rebenbindedraht und Steckdraht (Buco), Splittstäbe, Trockenblumensteckschaum-Ziegel und Kunststoffschale mit Frischblumensteckschaum (Oasis)

Diese Gedenkfloristik zum Niederlegen auf dem Grab hat die Form eines Bündelstraußes, ist technisch jedoch als Gesteck gefertigt, um eine Wasserversorgung der frischen Floralien zu gewährleisten. Dazu Maschendraht zu einer Tüte formen und darum herum strauß-artig Flechtenzweige binden. Dann einen gewässerten Frischblumensteckschaum-Kegel in die Tütenform einfügen und bestecken.

Rechte Seite: verschiedene Blüten- und Fruchtwerkstoffe, Kiefernzapfen, Flechtenzweige, Band (Goldina), Splittstäbe, Maschendraht (Buco), Steckdraht und Wickeldraht (Buco), Malerkrepp, Heißkleber und Frischblumensteck-schaum-Kegel (Oasis)

IN MEMORIAM

Winterliche Gedenkfloristik

Am Winterbeginn weicht die Buntheit von Farben aus der Natur. Jetzt setzt floristischer Grabschmuck aus grauen und weißen Werkstoffen einfühlsame Akzente, die durch Textur- und Struktureffekte wirken und auf dem Grün der Grabdauerbepflanzung die anhaltende Trauer im Gedenken symbolisieren.

Linke Seite: verschiedene Frisch- und Trockenwerkstoffe, Maulbeerbaumrinde, Steckdraht und Patenthaften (Buco), Frischblumensteckschaum-Kranz mit Holzunterlage (Oasis)

Rechte Seite oben: verschiedene Frisch- und Trockenwerkstoffe, Steckdraht, Maulbeerbaumrinde, Steinplatte, Heißkleber und Kunststoffschale mit Frischblumensteckschaum (Oasis)

Zwei ähnlich, jedoch nicht gleich gestaltete Gedenkgestecke auf einer Steinplatte zeugen vom gemeinsamen Gedenken zweier Hinterbliebener. Die unterschiedlichen Texturen der die Steckschalen umhüllenden Blätter sind darin sorgfältig aufeinander abgestimmt.

Diese Gedenkfloristik hat die Form des christlichen Glaubenszeichens und vermittelt somit die trostvolle Gewissheit auf ein Wiedersehen im Jenseits. Die mit aufgeklebten Flechtenstücken strukturierte Trockenschote wird mit Steckdraht auf dem aus Wacholder gefertigten Kreuz fixiert.

Rechte Seite unten: verschiedene Frisch- und Trockenwerkstoffe, Band (Goldina), Zierdraht (Buco), Myrtendraht und Steckdraht (Buco), Heißkleber und Frischblumensteckschaum-Kreuz mit Hartschaumunterlage (Oasis)

Die beiden himmelwärts deutenden Kegelformen basieren auf Formen aus Weidenzweigen, Ranken, Gras und Wickeldraht, auf die die weiteren Werkstoffe gewickelt oder geklebt wurden. Ein frischer Akzent kann mittels angebundenem Glaswasserröhrchen hinzugefügt und jederzeit erneuert werden. Die Zweigfüße werden auf dem Grab für einen sicheren Stand in die Erde gesteckt.

Linke Seite: verschiedene Frisch- und Trockenwerkstoffe, Glaswasserröhrchen, Sisalkordel, Steckdraht, Wickeldraht (Buco), Farbspray und Heißkleber (Oasis)

Rechte Seite oben: verschiedene Frisch- und Trockenwerkstoffe, Sisalkordel, Stecknadeln, Steckdraht und Wickeldraht (Buco), Frischblumensteckschaum-Dreieck auf Holzunterlage (Oasis)

Auf dem dreieckigen, mit Silberpappelblättern gestalteten Sockel kommt das aus wenigen Werkstoffen gefertigte Kreuzzeichen besonders zur Geltung. Dazu trägt neben den Textureffekten auch der Formkontrast zwischen dem körperhaften Sockel und dem linearen Kreuz bei.

Die Netztextur der Schneeballblätter wird durch das Falten und die spiralförmige Verarbeitung mit einer kreisend wirkenden Struktur vereint. Ähnlich der Kranzform kann so der Kreislauf allen Lebens, aber auch die unauflösliche Verbundenheit des Einzelnen mit der Ganzheit des Universums symbolisiert werden. Beides gehört zum trostvollen Gedankengut persönlichen Gedenkens.

Rechte Seite unten: verschiedene Frisch- und Trockenwerkstoffe, Wolle (Lehner), Filzband (Goldina), Patenthaften und Steckdraht (Buco), Heißkleber und Kunststoffschale mit Frischblumensteckschaum (Oasis)

Eingebohrte Holzstäbe sichern Trockenblumensteckschaumstücke auf den Birkenstammabschnitten. Auf diesen Steckbasen entstehen aus vielfältigen Werkstoffen die Kronen der schematisierten Baumformen, die die Kraft des Lebens und der Liebe über den Tod hinaus symbolisieren.

Linke Seite: verschiedene Frisch- und Trockenwerkstoffe, Sisalkordel, Holzstäbe, Zierdraht (Buco), Trockenblumensteckschaum-Ziegel (Oasis)

Rechte Seite oben: verschiedene Frisch- und Trockenwerkstoffe, Teller, Granulat, Stecknadeln, Steckdraht und Patenthaften (Buco), Frischblumensteckschaum-Kugel mit Holzunterlage (Oasis)

Ein Segment ist aus der Kugelform herausgeschnitten und wird nach dem Umkleiden der Kugel mit Silberpappelblättern durch weitere, andere Floralien wieder aufgefüllt.

Als Trauergabe symbolisieren Kugelformen, dass der oder die Verstorbene in die Gedanken und Herzen der Hinterbliebenen eingeschlossen bleibt. Hier gibt ein aus Wacholderzweigspitzen gefertigter, unter die Kugelschale gehefteter Reifen dieser den sicheren Stand auf dem Grab.

Rechte Seite unten: verschiedene Frisch- und Trockenwerkstoffe, Stecknadeln, Patenthaften (Buco), Wickeldraht und Steckdraht (Bucc), hohle Polystyrol-Halbkugel (Oasis)

Vielförmige und verschiedenartige Floralien sind in diesem Gedenkgesteck zusammengefügt und versinnbildlichen die Vielzahl der liebevollen Erinnerungen, die die Hinterbliebenen an den oder die Verstorbene mit sich tragen.

Wie ein Bild für die immer wieder über der Erde aufgehende Sonne und den Kreislauf des Lebens wirkt diese Gestaltung auf Grundlage einer flachen Baumscheibe. So spendet diese Gedenkfloristik dem Betrachtenden Trost und weckt die Hoffnung auf ein Wiedersehen.

Linke Seite oben: verschiedene Frisch- und Trockenwerkstoffe, Maulbeerbaumrinde, Patenthaften und Steckdraht (Buco), Heißkleber und Kunststoffschale mit Frischblumensteckschaum (Oasis)

Linke Seite unten: verschiedene Frisch- und Trockenwerkstoffe, Zierdraht (Buco), Baumscheibe

Die Schichtstruktur des Kranzkörpers, feine Texturdifferenzen zwischen den Werkstoffen und ein differenziertes Spiel verschiedener Farbnuancen von Braun, Grauweiß und Grün bedingen die außergewöhnliche Wirkung dieses Gedenkkranzes. Gestaltet ist er auf Basis eines als Halbfertigprodukt erhältlichen Kranzes aus Borkenstücken.

Rechte Seite: verschiedene Frisch- und Trockenwerkstoffe, Maulbeebaumrinde, Borkenstückekranz (Freese), Heißkleber (Oasis)

Symbolstarke TRAUERKRÄNZE

Einfühlsame Gestaltungen von Straubinger Meistern

Trauerkränze sind an der Floristmeisterschule Straubing unter der fachlichen Leitung von Floristmeister Steffen Teuscher fester Prüfungsbestandteil. Handwerkliches Können, intensive Beschäftigung mit der Form, Werkstoffbeherrschung und eine versierte gestalterische Ausdrucksfähigkeit können bei dieser Prüfungsaufgabe in besonderer Weise bewiesen werden. Wir zeigen Arbeiten des Prüfungsjahrgangs 2015.

Stephan Triebe

Anne van de Sand

Sucht
Verbrauch
Protz

Erika Fuchs

Die einjährige Vollzeit-Meisterschule in Straubing fördert und fordert die Absolventen in allen gestalterischen, pflanzenkundlichen und wirtschaftlichen Anforderungen, die heute an Floristmeister/innnen gestellt werden. Mit facettenreichen Unterrichtsmethoden wird die gestalterische Sensibilisierung unterstützt, um individuelle Stärken zu entwickeln. Die Schule genießt einen international anerkannten Ruf und durch die enge Zusammenarbeit mit nationalen und internationalen Fachmedien werden die Leistungen der Schüler oft bereits während der Ausbildung honoriert. Das ausbilderische Rundum-Paket besteht nicht nur aus gestalterischen Einheiten, sondern auch aus den notwendigen Anforderungen, die der Berufsalltagstellt. Mit dem zeitgemäßen Einsatz digitaler Medien werden auch Marketingkonzepte und Präsentationsmöglichkeiten zukunftsweisend vermittelt werden. Mehr unter **www.floristmeisterschule-straubing.de**

AUSDRUCKSSTARKE TRAUERKRÄNZE

Außergewöhnliche Gestaltungen an der **Academy of Flowerdesign/AoF**

Trauerkränze mit hohem handwerklichen Anspruch, starker Symbolwirkung und in einer ausgefeilten Präsentationsweise gehören zu den Prüfungsaufgaben beim Abschluss an der von Nicole von Boletzky geleiteten Meisterschule. Wir zeigen Arbeiten des Prüfungsjahrgangs 2016.

Sarah Führer

Oben: Anna Rosano

Unten: Fosina Niederreiter

Sabine Zeppernick

Die Ausbildung an der **ACADEMY OF FLOWERDESIGN/AoF** mündet in die staatliche Meisterprüfung, dies ist jedoch keine Pflicht. Die Absolventen beider Schulstandorte (Zürich und Innsbruck) treten gemeinsam in Innsbruck zur dreitägigen Prüfung an. Bei der Ausführung der praktischen Arbeiten sind die Kandidaten weitgehend frei; sie fertigen individuelle Meisterstücke an. In einer großangelegten Ausstellung werden diese einem breiten Publikum zugänglich gemacht. Der erfolgreiche Abschluss berechtigt zur Führung des gesetzlich geschützten Meistertitels. Zusätzlich wurden zur besseren Vergleichbarkeit innerhalb Europas die Meisterprüfungen im Europäischen Qualifikationsrahmen auf Level 6 eingestuft. Dies entspricht den Studienabschluss Bachelor oder Operative Professional und eröffnet den Absolventen weiterführende Möglichkeiten an Hochschulen. Der nächste Meisterlehrgang in Zürich startet im August, die Parallelklasse in Innsbruck beginnt im September 2017. Mehr unter **www.knowhow.ch**

VERLAG
BLOOM's GmbH
Am Potekamp 6
D-40885 Ratingen/Germany
T +49 2102 9644-0
F +49 2102 896073
E info@blooms.de
www.blooms.de

GESAMTLEITUNG
Andrea Rothe
Klaus Wagner

REDAKTION
Hella Henckel (vwtl.)
Karl-Michael Haake

FLORISTISCHE LEITUNG
Klaus Wagener

ANZEIGEN
Andrea Rothe
Nina Schulz

FLORISTIK
Radko Ivanov Chapov
Dorothea Hamm
Anja Hellner
Petra Klus
Doreen Neumann
Viola Nikić
Michael Sutmöller
Klaus Wagener

TRENDS
Marion Bauer

FOTOS
Patrick Pantze Images GmbH
außer:
Seiten 108–118:
Isabell Schatz, Wien
Seiten 120–127: Michael Gasser, Nicole v. Boletzky

ART DIRECTION
Riswane Abdurachmanov

DTP
Britta Baschen

EINZELBEZUGSPREISE
„BLOOM's VIEW Trauer“
erscheint einmal im Jahr
Deutschland:
34,90 Euro inkl. MwSt. zzgl. Versand
Ausland:
Preise auf Anfrage

ABO-BEZUGSPREISE
Deutschland:
34,90 Euro inkl. Versand und MwSt.
Europa:
38,60 Euro inkl. Versand
Schweiz:
48,90 SFR inkl. Versand
Übersee:
44,90 Euro inkl. Versand

Abokündigungen bis 6 Wochen vor Erscheinen der Folgeausgabe jederzeit möglich.

Ausgabe September 2017
Druckauflage: 3.200

BEZUGSQUELLEN
BARENDSEN
www.barendsen.nl
Bell'Arte
www.bell-arte.eu
BUCO
www.buco-wire.com
D&M Depot
www.dmdepot.be
DELIFLOR
www.deliflor.nl
DELTA
www.delta-floristik.eu
Dutz Collection
www.dutz.nl
FINK
www.fink-living.de
FLOWER FACTOR
www.flowerfactor.com
FREESE
www.heinr-freese.de
GASPER
www.gasper.de
GOLDINA
www.goldina.de
G & V HAYMARKET
www.gundv.de
HOUSE DOCTOR
www.house-doctor.dk
LEHNER
www.lehnerwolle3.com
OASIS
www.oasisfloral.de
SCHLITTLER
www.schlittler.com
SERAX
www.serax.com
WENZEL
www.wenzel-kerzen.de

DANKE **an das Bestattungshaus Wehrmann (www.bestattungen-minden.de) für das Zurverfügungstellen von Särgen und Beisetzungsurnen.**

DANKE, **dass wir auf dem Nordfriedhof Minden, am Kriegerdenkmal Neesen, bei der Firma Altendorf in Minden und in der Kirche St. Walburga in Porta Westfalica fotografieren durften.**

BLOOM's
MEDIEN MARKETING EVENTS
WWW.BLOOMS.DE